COMMENT RENDRE
NOS COLONIES PROSPÈRES

CONFÉRENCE FAITE SOUS LE PATRONAGE

DE

L'UNION COLONIALE FRANÇAISE

PAR

M. J. CHARLES-ROUX

DÉPUTÉ

PARIS

LÉON CHAILLEY | A. CHALLAMEL, ÉDITEUR
ÉDITEUR | LIBRAIRIE COLONIALE
41, RUE DE RICHELIEU, 41 | 5, RUE JACOB, ET RUE FURSTENBERG, 2

1896

COMMENT RENDRE
NOS COLONIES PROSPÈRES

CONFÉRENCE FAITE SOUS LE PATRONAGE

DE

L'UNION COLONIALE FRANÇAISE

PAR

M. J. CHARLES-ROUX

DÉPUTÉ

PARIS

LÉON CHAILLEY | A. CHALLAMEL, ÉDITEUR
ÉDITEUR | LIBRAIRIE COLONIALE
41, RUE DE RICHELIEU, 41 | 5, RUE JACOB, ET RUE FURSTENBERG, 2

1896

COMMENT RENDRE

NOS COLONIES PROSPÈRES

———

Mesdames, Messieurs,

Je suis profondément reconnaissant à M. le prince d'Arenberg de m'avoir fait l'honneur de présider cette conférence et de m'avoir présenté à vous sous un jour aussi favorable et aussi flatteur.

Qu'il me permette à mon tour de lui dire, au nom de tous ceux auxquels la cause coloniale tient à cœur, combien nous lui sommes reconnaissants des éminents services qu'il a rendus et de ceux qu'il rend encore chaque jour. Au groupe colonial comme à la tribune de la Chambre, à la tête du Comité de l'Afrique française, dont il est le père, dont il est l'âme, et dont le Bulletin constitue certainement un des documents les plus précieux, les plus instructifs qu'il nous soit permis de consulter, — M. le prince d'Arenberg se multiplie et ses énergiques efforts ne sont égalés que par son extrême modestie et sa grande bienveillance à l'égard des modestes travailleurs qui apportent leur petite pierre à l'édifice. J'accomplis un devoir bien doux en lui rendant publiquement l'hommage qui lui est dû.

Je tiens maintenant à m'excuser sur le titre de ma conférence qui est très prétentieux. Mais je ne suis pas le coupable ; ce n'est pas moi qui l'ai choisi : l'auteur responsable est notre érudit secrétaire général, M. Chailley-Bert, et à M. Chailley-Bert toutes les audaces sont permises. Il aurait admirablement rempli la mission délicate dont il m'a chargé.

« Comment rendre nos colonies prospères ? »

Il faudrait pouvoir faire un véritable cours, en plusieurs leçons, pour traiter cette question d'une façon utile. Dans la première, on s'appliquerait à repousser le reproche qui nous a été adressé de divers côtés et que nous nous adressons souvent à nous-mêmes, que notre race n'est pas colonisatrice ; dans la seconde, on étudierait notre organisation coloniale actuelle, les rapports financiers de la métropole avec les colonies ; dans la troisième, on comparerait nos colonies avec les colonies étrangères, les colonies anglaises principalement ; dans la quatrième, on aborderait le régime douanier ; enfin dans la dernière leçon, après avoir résumé toutes ces études et en avoir tiré des conclusions pratiques, on établirait un programme net et précis de réorganisation.

Tel est le cycle immense que je vais être obligé de parcourir en une heure !!! — Jamais charge plus lourde n'est tombée sur les épaules d'un colonial.

Je me hâte de vous demander pardon, à vou

surtout, Mesdames, qui m'avez fait l'honneur de venir m'entendre; car ma conférence sera très austère. Je n'aurai à ma disposition ni projections lumineuses, ni récits de voyages, ni anecdotes pour captiver votre attention et même pour la reposer. Je vais être obligé de me battre avec des chiffres, de vous conduire à travers les labyrinthes des budgets métropolitains et des budgets locaux.

Permettez-moi donc de faire appel à toute votre bienveillance.

MESSIEURS,

Lors de la discussion du budet de 1895, j'ai fait remarquer à la tribune du Parlement combien était vicieuse, au point de vue commercial et pratique, notre façon d'administrer le Dahomey. J'ai signalé certains abus dont les principaux, je dois le reconnaître, ont aujourd'hui pris fin, et j'ai fait quelque peu le procès de l'administration et du fonctionnarisme... Mon intervention a été malvenue. Dans certaines sphères, on l'a interprétée d'une façon peu favorable et on m'a même accusé d'ourdir un noir complot en faveur du retour de Béhanzin. Je ne m'en préoccupe pas outre mesure; les résultats seuls m'importaient et quelques-uns sont acquis.

J'estime cependant qu'il y a certainement mieux à faire que de relever au jour le jour ce qui se passe d'irrégulier ou de regrettable dans nos différentes colonies. Agir ainsi, serait risquer de décourager le personnel et de tomber soi-même dans un parti pris de dénigrement systématique. C'est par une étude d'ensemble qu'il convient de procéder et je n'hésite pas à reconnaître que la tâche du Ministre des colonies et de ses collaborateurs directs est des plus ardues. Le champ qu'ils ont à cultiver est illimité comme variété de production. Il leur faudrait presque tout connaître pour se rendre un compte exact de la ligne de conduite qu'ils peuvent avoir à suivre dans chaque cas particulier. Si délicates soient-elles, leurs fonctions ne sont pas plus ingrates que celles des gouverneurs, résidents, administrateurs, répartis sur toute la surface de notre empire colonial. Il n'existe pour eux ni traditions, ni méthode ; directement mêlés à l'existence de populations dont les mœurs diffèrent essentiellement des nôtres, ils se trouvent sur un terrain nouveau où il leur est assez malaisé de bien manœuvrer. Ce ne serait rien cependant s'ils n'avaient à compter non seulement avec la jurisprudence toujours chancelante de l'administration centrale, mais encore avec les tendances imprécises et souvent contradictoires du Parlement. Quand une faute est commise, il y aurait d'abord à examiner s'il ne faudrait pas plutôt plaindre que blâmer. Et c'est pourquoi je vous prie de voir dans les exemples que je pourrai vous citer au cours de cette conférence, non pas la critique acerbe des actes de l'administration, mais l'ensemble des faits qu'il est toujours nécessaire d'invoquer à l'appui de la thèse qu'on soutient.

Le moment me paraît venu de faire franchement un retour sur nous-mêmes et de nous demander si la voie que nous avons suivie jusqu'à présent, en matière coloniale, est bien la meilleure. Je sais que nous n'avions guère le choix. Les événements, le hasard des combinaisons politiques nous poussaient au gré de leur fantaisie. Nous avions à parer au plus pressé et le loisir nous manquait pour nous livrer à un examen théorique et rationnel des dispositions législatives ou réglementaires qu'il convenait d'appliquer, aussi bien aux plus anciennes de nos colonies qu'à celles dont l'accession est plus récente. Aujourd'hui, l'ère des conquêtes paraît terminée. L'expédition de Madagascar l'a close. L'œuvre de colonisation proprement dite doit commencer.

Et d'abord, Messieurs, repoussons le reproche fait à notre race de n'être pas colonisatrice. C'était l'opinion du prince de Bismarck : il répétait souvent un mot qui avait eu grand succès parmi ses compatriotes. « Je connais une nation, disait-il, qui a des colonies et des colons, c'est l'Angleterre. J'en connais une autre qui n'a pas de colonies mais qui a des colons, c'est l'Allemagne. J'en connais enfin une troisième qui a des colonies, mais qui n'a pas de colons, c'est la France. » M. de Bismarck s'est trompé, Messieurs, car nous avons colonisé parfaitement et beaucoup.

Certains pays dans lesquels la race française avait essaimé avant 1815 ont pu changer de maître. Notre empreinte y subsiste, indébile. Ai-je besoin de vous rappeler l'exemple du Canada ? Et pour en citer un autre, auquel des événements récents donnent une véritable actualité, les vaillants pionniers qui, partis de la Hollande, se sont rendus dans le sud de l'Afrique, n'étaient-ils pas des réfugiés de l'Edit de Nantes, des Français, et n'ont-ils pas constitué le noyau le plus tenace et le plus vaillant de la population des Boers ?

Ce serait donc une erreur grossière de penser que les questions coloniales sont pour nous des questions nouvelles et que nous nous trouvons pour la première fois aux prises avec les difficultés de la conquête, de l'annexion ou du protectorat. Notre premier empire colonial dépassait en superficie 10 millions de kilomètres carrés. Dans l'Amérique du Nord et l'Hindoustan, notamment, nous jouissions d'une situation unique. Des guerres malheureuses ont réduit, au début du siècle, ce beau domaine à 100,000 kilomètres carrés et la population soumise à un million d'habitants. Les gouvernements qui se sont succédé depuis lors ont peu à peu reconstitué nos richesses coloniales. Il est à l'honneur de la troisième République d'avoir fait plus encore que les autres régimes. C'est grâce à elle surtout que nous possédons aujourd'hui des territoires dont la superficie dépasse 4 millions de kilomètres carrés et la population 36 millions d'habitants.

La Restauration eut la charge de la mise en état et de l'organisation des colonies qui restaient entre nos mains ou que nous rendaient les traités. Elle ne faillit point à cette tâche, modeste, mais fructueuse et qui préparait l'avenir.

Si timide qu'elle fût, la Monarchie de Juillet ne compromit aucune de nos possessions extérieures. La conquête de l'Algérie fut en grande partie son œuvre. Elle réussit même à procurer à notre flotte, au moyen d'acquisitions plus importantes par leur situation que par leur étendue, des points de relâche et de ravitaillement. (Le Gabon, le Grand-Bassam, l'île Sainte-Marie, Nossi-Bé, Mayotte, îles du Pacifique, les Marquises, Iles-Sous-le-Vent, îles Gambier.)

La seconde République a marqué son passage par un acte considérable. Elle a banni l'esclavage de nos possessions. Son rôle se borna là. La procla—

mation de l'Empire ne lui permit pas d'étendre davantage son action.

L'acquisition de la Nouvelle-Calédonie, du Sénégal, de la Gambie, d'Obock ; des expéditions en Indo-Chine doublèrent durant cette autre période notre domaine d'outre-mer. Une réglementation nouvelle, dont le sénatus-consulte du 3 mai 1854 reste le principal monument, fut instituée. Le pacte colonial fut supprimé et la colonisation pénale introduite à la Guyane et à la Nouvelle-Calédonie.

Ces progrès, si sensibles, ont été de beaucoup dépassés depuis 1870. La politique coloniale a pris de notre temps une importance capitale. Trop souvent elle a décidé du sort des ministères. Elle a eu ses apôtres et ses martyrs. Il suffit de citer les noms des terres qu'ont illustrées les exploits de nos soldats ou les audacieuses expéditions de nos explorateurs pour faire revivre des souvenirs tout récents. Tunisie, Sénégal, Soudan, Rivières du Sud, Côte d'Ivoire, Golfe du Bénin et Bas-Niger, Congo, Dahomey, Madagascar, voilà pour l'Afrique. Annam, Tonkin, Cochinchine, Cambodge et Laos, voilà pour l'Asie.

Tout cela ne s'est pas fait sans peines, ni crises. Au lendemain de nos désastres, l'opinion publique se montrait ombrageuse. Il pouvait paraître imprudent d'engager la France au dehors, au lieu de concentrer à la frontière ses forces renaissantes. L'évolution économique qui poussait les peuples civilisés à s'ouvrir des débouchés, à établir des comptoirs dans les pays inconnus et lointains, ne se manifestait encore qu'à de rares personnes. Le plus grand nombre ne voyait dans l'accomplissement des desseins de l'homme d'Etat et du patriote que fut Jules Ferry, que les regrettables tendances d'une ambition personnelle s'ingéniant à masquer, sous des embarras extérieurs, les difficultés de l'heure présente.

Les résultats sont venus peu à peu dissiper ces craintes et mettre fin à ces suspicions. D'autre part, les hauts faits de nos explorateurs ont rendu leur personne d'abord, puis leurs découvertes, sympathiques au grand public. Il s'est initié progressivement et s'est intéressé à leurs travaux, en même temps qu'au Parlement s'atténuait et disparaissait la défiance instinctive et injustifiée qu'avaient long-temps inspirée les cabinets colonisateurs.

Le regretté Gabriel Charmes dans son livre sur *la Politique extérieure et coloniale*, et M. Paul Leroy-Beaulieu dans son *Etude de la Colonisation chez les peuples modernes,* ont traité ce point spécial de main de maîtres.

S'il est donc inexact que notre race n'est pas colonisatrice, pourquoi nos colonies n'atteignent-elles pas le degré de prospérité que nous ambition-nons ?

Pour avoir des colonies prospères, il faut, avant tout, déterminer d'une façon précise leurs rapports financiers avec la métropole, mettre un peu de clarté dans leur organisation intérieure et la gestion de leurs propres intérêts, apporter enfin plus de méthode et de largeur de vues danr la recherche du régime économique et en particulier de la législation douanière qui doivent leur être applicables. Tels sont les termes généraux, forcément un peu vagues, d'un véritable programme d'organisation, ou pour mieux dire de réorganisation, et 'je vais m'attacher à en préciser la portée.

Rien n'est moins aisé que de faire le départ entre les charges que nos colonies imposent aux contribuables français et celles que peuvent supporter légitimement nos colons ou les populations soumises. Nous votons chaque année un certain nombre de chapitres classés sous la rubrique : « Colonies. » Nous devrions y trouver la facture des frais généraux de notre exploitation coloniale. En réalité, nous sommes en présence d'un mélange de ressources et de contingents indûment réclamés à nos établissements, et de dépenses auxquelles ils devraient eux-mêmes subvenir.

Je ne veux pas me livrer ici à des calculs longs et compliqués; je me réserve de le faire dans une autre enceinte; mais je puis vous indiquer à combien doivent être évaluées les dépenses coloniales proprement dites, déduction faite de toutes celles qui ont un caractère militaire ou qui se rattachent à l'administration pénitentiaire. Ce total, ainsi réduit, monte à 12,300,000 fr. environ. Tel serait le chiffre du budget colonial métropolitain si, comme autrefois, la défense des colonies ressortissait au Ministère de la marine et si le régime de la transportation n'avait pas pris la place du régime des bagnes. Mais les frais d'administration centrale sont en fait beaucoup plus élevés, parce qu'on y englobe des dépenses qui devraient être remboursées au Ministère par les colonies, si celles-ci avaient le devoir d'équilibrer elles-mêmes leurs budgets.

A prendre la situation actuelle, et le budget tel qu'il se présente, nos colonies coûtent à la métropole 69,129,500 francs, déduction faite du service pénitentiaire qui n'est pas un service colonial, à proprement parler, et qui figure au budget pour 9,989,000 francs.

Sur ces 69,129,500 francs, les services civils prennent, en réalité, 13,098,000 francs. C'est donc une somme de 56,031,500 francs que la défense de ses colonies coûte à la France. Toutefois, d'autres budgets que le budget colonial contribuent aux dépenses militaires des colonies. C'est ainsi que le budget de la marine paie des dépenses de transport et des dépenses maritimes évaluées à 3 millions. Le budget de la guerre contribue, de son côté, pour un million aux dépenses militaires du Tonkin : soit 4 millions à ajouter respectivement aux 69,129,500 francs de dépenses totales et aux 56,031,500 francs de dépenses militaires ou maritimes. Ces dernières s'élèvent donc à 60,031,500 francs.

Quant aux recettes qui proviennent des colonies et qui bénéficient directement au Trésor, elles sont de 6,613,350 francs. Elles devraient être attribuées aux colonies qui les produisent. Il n'en est rien, quant à présent, et, par suite, il convient de les retrancher du total de dépenses que nous indiquions tout à l'heure, ce qui ramène à 62,500,000 francs en chiffres ronds la charge qui pèse sur la métropole, du chef des colonies.

Je me garderai de prétendre à l'exactitude absolue de ces chiffres. Ils ont, je le répète, pour point de départ des ventilations assez délicates.

D'où vient donc cette confusion, et comment se fait-il qu'on ne puisse arriver à une exactitude mathématique ?

C'est que nos colonies sont placées sous le régime

du sénatus-consulte de 1866, d'après lequel l'Etat laisse à leur charge toutes les dépenses ayant un caractère local et assume, par contre, les dépenses dites de souveraineté, qui sont présumées faites dans l'intérêt de sa domination.

Je n'hésite pas à me prononcer contre un pareil système, et je vais vous en donner les raisons. La distinction entre les dépenses d'intérêt local et les dépenses dites de souveraineté, si elle se justifie en théorie, aboutit en pratique à une classification arbitraire et défectueuse. A supposer que les colonies formassent des Etats indépendants, elles seraient bien contraintes de pourvoir aux frais de leur défense, de leur administration, de la justice et des cultes. Ce sont là, cependant, des dépenses qui peuvent être considérées comme se rattachant à la souveraineté.

D'autre part, le sénatus-consulte de 1866 prévoit la faculté pour l'Etat d'imposer aux colonies un contingent jusqu'à concurrence des dépenses civiles maintenues à son compte et des suppléments coloniaux de la gendarmerie et des troupes. En réalité, les colonies ne contribuent qu'à titre accidentel et dans une proportion ridicule aux dépenses mises à la charge de la métropole, sous réserve d'un remboursement partiel éventuel.

Avec cela, toujours le même sénatus-consulte, après avoir posé en principe que les colonies doivent supporter l'intégralité de leurs dépenses totales, s'empresse d'enlever à celles-ci tout caractère obligatoire, en disposant que des subventions peuvent être accordées aux colonies sur le budget de l'Etat. Ce qui revient à dire : « les colonies doivent payer leurs dépenses locales, mais elles peuvent être déchargées de cette obligation suivant le bon plaisir gouvernemental qui décide, de plus, dans quelle mesure elles ont à participer aux dépenses civiles de souveraineté ». Et c'est ainsi que la Guadeloupe, la Guyane, Saint-Pierre et Miquelon et Tahiti, que l'on pourrait croire parvenus à la période de leur plein développement, puisqu'on les a trouvés mûrs pour la liberté et qu'on les a dotés d'un Conseil général, continuent à recevoir des subventions de la métropole. J'ai peine à concevoir qu'une colonie qui reçoit une subvention de la métropole, lui verse un contingent. De deux choses l'une : ou la colonie est en situation de faire face à toutes ses dépenses locales, puisqu'on la fait participer aux dépenses que la métropole supporte pour elle, — et alors il n'y a pas lieu de lui accorder une subvention ; ou elle a besoin, pour équilibrer son budget, d'une subvention de la métropole et, dans ce cas, pourquoi lui imposer un contingent et lui reprendre d'une main ce qu'on lui donne de l'autre ? En d'autres termes, *la subvention devrait exclure le contingent, comme le contingent devrait exclure la subvention.*

Et cependant toutes les colonies qui reçoivent une subvention de la métropole lui versent un contingent, à l'exception de Diégo-Suarez et d'Obock. Peut-on rien imaginer de plus bizarre ? La même observation s'applique aux contributions imposées aux colonies depuis quelques années, sous prétexte de les faire contribuer aux charges générales de l'Etat.

N'y a-t-il pas quelque puérilité dans ce chassé-croisé de recettes et de dépenses qui n'est, en définitive, qu'un trompe-l'œil et une source d'inutiles complications d'écritures ? Ne serait-il pas plus simple et plus conforme à la réalité des faits d'opérer tout de suite la compensation entre les recettes inscrites au budget métropolitain et la subvention qui figure au même budget ? La subvention payée par la métropole au service local de la Guadeloupe, par exemple, a un caractère purement fictif, puisque, à des titres divers, cette colonie paie à la métropole 49,050 francs de plus qu'elle ne reçoit d'elle à titre de subvention.

Enfin, et c'est peut-être là son vice capital, le sénatus-consulte de 1866 semble avoir été conçu en vue, d'une part, d'organiser le conflit entre la métropole et ses colonies, et d'autre part, de provoquer à l'exagération du fonctionnarisme et des dépenses.

« Il n'est pas un seul chapitre du budget colonial qui ne subirait des réductions très importantes, si les colonies étaient obligées de faire face aux dépenses avec leurs propres ressources. Les fonctionnaires de l'Etat apportent dans nos colonies un élément de richesse dont la source se trouve dans le budget de la métropole. Les colonies ont donc tout avantage à demander l'augmentation du personnel administratif ou tout au moins à n'en pas réclamer la diminution. Il n'en serait pas de même si les colonies devaient payer elles-mêmes les fonctionnaires. Au lieu de désirer l'augmentation de leur nombre, elles s'efforceraient sans cesse de les diminuer. »

Réciproquement, si les colonies poussent à l'augmentation des dépenses mises à la charge de la métropole, celle-ci, de son côté, ne néglige aucune occasion de forcer le chiffre des dépenses locales qui ont un caractère obligatoire. « *Les colonies*, dit

« M. Chautemps, dans son rapport de 1892, *ne regar-*
« *dent pas assez à demander l'accroissement des*
« *dépenses qui sont à la charge de l'Etat, et, à son*
« *tour, le Département n'a pas une attitude moins*
« *dégagée quand il s'agit de celles qui doivent*
« *incomber aux budgets locaux. Il a donné sa*
« *mesure par les décrets qui ont fixé le minimum*
« *des frais de personnel et de matériel des directions*
« *de l'intérieur.* »

Il faut ajouter que les colonies, pour se soustraire à l'obligation de participer aux dépenses que
l'Etat supporte pour elles, s'ingénient à enfler le
chiffre de leurs propres dépenses. C'est ainsi que
l'on voit trop souvent figurer à leurs budgets des
crédits qui ne sont justifiés par aucun intérêt général
et qui, au contraire, n'ont pour but que de donner
satisfaction à des intérêts particuliers, cadeaux à
peine déguisés faits par la colonie soit aux membres
de l'assemblée locale, soit à des personnalités
influentes. La subvention métropolitaine n'est-elle
pas là, en cas de besoin, pour combler les vides du
budget local ?

Pour que vous voyez dans tout ceci autre chose
qu'un procès de tendance, je tiens à vous rendre
juges de certains faits dont vous pouvez, comme
moi, vérifier l'exactitude en parcourant les comptes
rendus des séances des Conseils généraux. Je prends
au hasard et je ne veux faire aucune personnalité.

La commission des finances du Conseil général
d'une de nos grandes colonies propose, un beau
jour, une augmentation d'indemnité de 1,000 francs
en faveur de l'ingénieur chef du service des ponts
et chaussées, qui reçoit déjà une indemnité de
6,000 francs. Un conseiller renchérit, et demande

2,000 francs ; un troisième 3,000. C'est ce dernier chiffre qui est voté. Aussitôt après, on augmente les indemnités des autres fonctionnaires de ce service : au conducteur principal, on alloue un supplément de 2,000 francs ; aux quatre conducteurs de première et de deuxième classe, 1,000 francs ; aux quatre conducteurs de troisième et de quatrième classe, 500 francs ; on augmente enfin de 600 francs, en l'élevant à 3,000 francs, le traitement d'un surveillant. En tout : 11,000 fr. d'augmentation !

En 1892, le même Conseil général repousse une demande de bourse formée par un fonctionnaire en faveur de son fils, en pension depuis quatre ans dans un collège de la métropole. L'enfant n'ayant pas subi d'examen préalable dans la colonie ne pouvait obtenir cette bourse. Mais l'année suivante, le fonctionnaire revient à la charge en faisant observer qu'un autre fonctionnaire d'un ordre plus élevé a obtenu une bourse pour son fils qui se trouvait dans les mêmes conditions. Et le Conseil général, mis en face de ce précédent, accorde la bourse sollicitée et contrevient ainsi une seconde fois aux règlements.

Il vote, en 1894, une indemnité de 850 francs pour les frais d'un voyage aller et retour de la veuve d'un simple receveur des postes et télégraphes dont le principal titre à cette libéralité était d'être apparentée à un membre du Conseil.

Enfin, dans la séance du 20 décembre 1893, il alloue une indemnité de 5,000 francs au député de la colonie pour remboursement de ses dépenses de câblegramme, crédit que le député s'empresse d'utiliser en câblant, le jour même, de chaleureux remerciements.

Si le Conseil général ne faisait ces largesses qu'avec les deniers des contribuables locaux, ce serait un compte à régler entre lui et ses électeurs. Mais on ne peut perdre de vue que la métropole s'impose pour la colonie des sacrifices qui dépassent 6 millions de francs.

Je pourrais multiplier les citations ; elles viendraient confirmer les abus auxquels peut donner lieu l'application du système actuel. Mais je préfère insister sur le plus grave des agissements que l'on puisse reprocher à la métropole : je veux parler de la fixation du contingent de la Cochinchine.

Jusqu'en 1888, la Cochinchine payait l'intégralité de ses dépenses civiles, y compris celles que le sénatus-consulte de 1866 laisse à la charge de la métropole. Elle entretenait en outre un régiment de tirailleurs annamites et versait, enfin, une contribution annuelle de 2,200,000 francs à la métropole en déduction des dépenses militaires supportées par celle-ci pour la défense de la colonie.

En 1888, les pouvoirs publics, ne sachant comment faire face aux charges qu'entraînait l'occupation du Tonkin, imaginèrent d'y faire participer la Cochinchine et d'un seul coup ils élevèrent à 11,700,000 francs le chiffre de la contribution qui lui était imposée.

La Cochinchine, bien que sa situation fût prospère, protesta à bon droit contre l'énorme contingent qui lui était imposé et qui représentait la moitié de ses ressources ordinaires. Elle dut s'incliner cependant. On lui fit espérer, d'ailleurs, que ce contingent ne serait que momentané. Il n'en fut pas moins maintenu à 11,000,000 de francs pour 1889 et pour 1890. Mais une pareille surcharge était manifestement au-dessus de ses forces. Pour y faire face, elle dut épuiser sa caisse de réserve, qui, à la fin de 1887, possédait 3,136,348 francs, et faire emploi de ses créances actives jusqu'à concurrence de 2.731,156 fr. Malgré ces sacrifices, le déficit s'élevait à la fin de 1889 à 6,000,000 de francs. Force fut alors au Gouvernement de reconnaître qu'il avait fait fausse route : la Cochinchine était menacée d'une ruine imminente. On ne l'en sauva qu'en lui rendant 5 millions et en abaissant le chiffre de son contingent à 8 millions pour 1891. Ce chiffre était ramené à 6,500,000 francs en 1892 pour descendre à 5 millions en 1893. Il est depuis cette époque fixé à 4 millions 690,000 francs.

Indépendamment même de la question de savoir si la situation financière actuelle de la Cochinchine lui permet de supporter une charge aussi lourde, il y a un intérêt supérieur de justice et d'équité à ne pas l'y laisser plus longtemps soumise.

Si vous admettez avec moi que les colonies ne doivent plus être considérées comme des fermes d'outre-mer, que l'Etat peut exploiter à sa guise et frapper de contributions arbitraires, sous prétexte de les faire participer à ses charges générales, vous reconnaîtrez que le régime d'exception sous lequel la Cochinchine est placée depuis 1888 ne saurait être maintenu. Actuellement, cette colonie coûte à la France 3,158,654 francs par an, de dépenses tant civiles que militaires. Ajoutez-y, si vous voulez, un million pour la défense maritime et vous aurez, pour l'ensemble des dépenses de toute nature que la Cochinchine occasionne à la métropole, une somme totale de 4,158,654 francs. Elle lui en donne, nous l'avons vu, 5,038,000. C'est donc 879,346 francs que la métropole prélève en trop sur la Cochinchine, ce qui constitue un véritable tribut imposé à cette colonie.

Et, Messieurs, le tribut dont je viens de vous parler n'est pas la seule charge du budget de la Cochinchine. Sous différents titres, le département et le gouvernement général lui imposent des obligations nombreuses et je tiens à vous en indiquer quelques-unes :

Part de la Cochinchine dans les dépenses de l'Ecole coloniale de Paris, 30,000 francs, sans compter certains professeurs payés par le budget local.

Part de la Cochinchine dans les frais de l'Exposition permanente des colonies, 2,500 piastres.

Création au Ministère des colonies d'un bureau d'agent comptable de vente des timbres coloniaux. Cette dépense, divisible entre toutes les colonies françaises, monte à 9,114 francs et a été imputée à la seule Cochinchine.

Frais d'occupation et d'organisation du Laos, etc., etc.

Il n'est pas, Messieurs, jusqu'à une facture de 1,095 francs, payée à M. Lemaître, fabricant d'ordres, à Paris, pour fourniture au magasin colonial de décorations du Cambodge, qui ne soit mise au compte de cette pauvre Cochinchine, convertie en véritable banquier obligatoire et à fonds perdus des diverses parties de l'Indo-Chine !

Et tout cela, Messieurs, je ne l'invente pas... cette énumération ne résulte pas de renseignements personnels et empreints d'une exagération quelconque, vous pouvez en prendre connaissance, tout au long, et avec beaucoup plus de développement, dans le

Journal officiel de l'Indo-Chine française, numéro du 19 décembre 1895, page 1638.

En dehors de toute considération de justice, c'est là vous en conviendrez, un médiocre encouragement pour les colonies à travailler au développement de leurs ressources et à se constituer des réserves pour exécuter d'utiles travaux publics. Après un semblable précédent, il n'en est pas une qui ne craindra, le cas échéant, de se dénoncer par ses excédents budgétaires aux exigences de l'Etat et qui, pour n'avoir pas à les voir prendre la route de France ou d'autres colonies, n'aimera mieux végéter plutôt que d'améliorer sa situation financière, dans l'intérêt exclusif du Trésor métropolitain.

Ainsi, tendance de chacune des deux parties à grossir le chiffre des dépenses qui incombent à l'autre, sans que la colonie ait le moyen ou sans que l'Etat ait la volonté de s'y opposer et, comme conséquence de cette tendance, conflits entre les assemblées locales et l'administration : tels sont les résultats du système actuellement suivi.

M. Chautemps, dans son rapport sur le budget de 1893, a soutenu que les colonies devaient être complètement assimilées à la métropole au point de vue des charges qu'elles ont à supporter ; qu'elles devaient être tenues non seulement de faire face à toutes leurs dépenses tant civiles que militaires, mais encore de concourir aux charges générales de l'Etat.

Je repousse cette solution. L'assimilation fiscale des contribuables des colonies aux contribuables métropolitains repose sur une idée fausse et constitue un danger. L'élément français est en infime minorité dans nos colonies, et le système de l'assimilation entraîne une injustice envers les populations indigènes qui n'ont ni communauté d'origine, ni égalité de droit, ni parité de situation. Parce que la complication de nos besoins sociaux et individuels, jointe aux efforts que nous avons faits au cours de longs siècles pour nous élever au degré de civilisation et de bien-être dont nous jouissons, nous grève d'une charge annuelle qui représente 94 fr. 50 par tête d'habitant, nous ne pouvons avoir la prétention d'imposer la même charge à des peuples primitifs, dépourvus de tout besoin, restés étrangers aux grandeurs, aux tristesses et aux gloires de notre pays dans le passé, comme aux bienfaits de notre organisation sociale dans le présent.

Puis, les gens qui émigrent dans les colonies ne quittent, le plus souvent, la mère patrie, que pour se soustraire à la fiscalité excessive qui dévore le plus clair du produit de leur travail dans la métropole. Si on transporte dans les colonies la fiscalité métropolitaine, on risquera d'en détourner du même coup les activités et les capitaux.

Le principe qui doit prévaloir et se substituer aux deux régimes qui sont concurremment appliqués aujourd'hui et dont je viens d'indiquer les traits principaux est le suivant :

« Les colonies doivent payer intégralement toutes leurs dépenses ; mais elles ne doivent supporter que leurs dépenses, à l'exclusion de toute participation à celles de la métropole. »

Les colonies doivent payer toutes leurs dépenses, parce que ces dépenses sont faites dans leur intérêt et parce qu'elles correspondent à des services dont elles ne sauraient se passer. Elles doivent être, par contre, exonérées de toute participation aux dépenses de la métropole, parce qu'elles n'en bénéficient point et que la France aurait, en tout état de cause, et n'eût-elle point même de colonies, à faire face à ses dépenses. Voilà le *desideratum* général, l'indication de la direction vers laquelle l'Etat doit s'orienter, à notre humble avis, dans ses relations financières avec les colonies.

Car, dans l'application, il importera de faire des distinctions fondées sur la variété même de notre empire colonial et surtout sur les différences de développement des divers pays dont il se compose.

S'il est juste d'exiger de celles de nos colonies qui sont arrivées à l'âge adulte et dans lesquelles l'œuvre de colonisation peut être considérée comme terminée qu'elles se suffisent à elles-mêmes, il serait contraire au bon sens d'abandonner à leurs seules ressources celles qui viennent à peine de naître ou qui ne sont pas encore sorties de la période de croissance. Il y a là une première classification à établir.

Il en est une seconde, pour laquelle l'ancienneté de l'incorporation de la colonie dans notre domaine d'outre-mer n'est plus qu'une considération accessoire. On peut supposer, en effet, que, par une heureuse fortune, nous ayons établi tout récemment notre domination sur un pays déjà riche, pourvu d'une population en rapport avec son étendue, tirant de son agriculture ou de son commerce des ressources que nous n'aurons plus qu'à développer, et qui dès maintenant suffisent, ou suffiront bientôt à pourvoir à toutes les dépenses. Dans ce cas, il est manifeste qu'il n'y a pas lieu d'avoir égard au plus ou moins d'avancement du travail d'assimilation moral ou même administratif. Il n'y a qu'à constater un état de fait et à ranger la colonie parmi celles qui se suffisent ou qui pourront prochainement se suffire à elles-mêmes.

Et, d'autre part, telle colonie peut nous appartenir depuis longtemps, dont le développement a été entravé par des circonstances contraires, tenant soit à la nature du climat, soit à un défaut de population, soit à toute autre cause. Il y aurait injustice à mettre une pareille colonie sur le même pied, au point de vue des sacrifices pécuniaires, que des colonies moins anciennes, mais plus favorisées par la nature.

L'application de ce système nous conduirait immédiatement à inscrire à l'actif des colonies, en déduction des remboursements qu'elles ont à faire à l'Etat, toutes les recettes qui proviennent de leur chef et sont actuellement inscrites au budget métropolitain. Par suite, leur serait abandonnée toute la part de ces recettes qui excéderait le montant des sommes qu'elles doivent à l'État.

Il serait procédé, dans un esprit d'économie, à la revision générale de toutes les dépenses qui sont actuellement supportées par l'État et de celles qui sont mises obligatoirement à la charge des budgets locaux.

Enfin, on aurait à fixer la part respective de l'État et des colonies dans certaines dépenses coloniales qui, en principe et dans une certaine mesure, peuvent intéresser l'État.

Le principe une fois posé, ces diverses questions et, en particulier, le classement des colonies en différentes catégories variant avec leur degré de richesse et leurs espérances d'avenir, pourrait être utilement étudié par une commission spéciale. Je ne veux entrer dans aucun détail, car cela m'entraînerait trop loin ; mais l'adoption de ce système aurait, entre autres avantages, celui de nous permettre de déposer une bonne fois le bilan de notre situation coloniale. L'aménagement des budgets coloniaux y gagnerait singulièrement en clarté. La gestion des intérêts locaux deviendrait efficacement économe. A son tour, l'État pourrait se rendre compte de ce que lui coûtent en réalité ses possessions et prendre en toute connaissance de cause les dispositions nécessaires pour leur venir en aide, là où il en serait besoin.

Certes, les abus et les erreurs ne disparaîtraient pas d'un seul coup. Mais vous reconnaîtrez avec moi que le meilleur moyen de les diminuer et même de les réduire au minimum est encore de faire appel à l'intérêt bien entendu des collectivités intéressées. Nous ne verrions plus, comme aujourd'hui, ce luxe de fonctionnaires ni cette exagération de frais généraux, qui sont les traits caractéristiques des budgets locaux de chacune de nos colonies.

Au Sénégal, les dépenses d'administration représentent 58 0/0 du chiffre total des dépenses budgétaires. Le rapport entre le personnel des travaux publics et le chiffre des travaux effectués est de 40 0/0.

Dans la Guinée française, cette proportion tombe à 11 0/0, et, pour vous prouver que je n'ai aucun parti pris de dénigrement, je me hâte de dire que la Guinée française présente une heureuse exception au point de vue de son administration intérieure.

Le gouverneur actuel, qui a le bon sens de vivre en parfaite harmonie avec les commerçants de l'endroit (cela devrait être partout ainsi), a entrepris la construction d'une route commerciale devant relier le chef-lieu de la colonie, Konakry, sis au bord de la mer, au poste de Farannah, sur le moyen Niger ; la distance à vol d'oiseau est d'environ 350 kilomètres ; la route aura près de 400 kilomètres. Trente kilomètres sont déjà terminés ; cette année, les travaux pourront être poussés plus activement et on estime qu'à la fin de la saison sèche les premiers 100 kilomètres seront achevés, et on peut espérer que cette route sera terminée dans son entier en 1899.

Elle mettra le Niger moyen en communication directe, permanente et facile avec le littoral de notre colonie et pourra peut-être servir ultérieurement de plate-forme à une voie ferrée légère par laquelle il sera possible de transporter en quarante-huit heures des hommes, des approvisionnements, des marchandises, de Konakry au Niger, ce qui mettrait notre grand fleuve soudanien à 14 jours de Bordeaux ou de Marseille. On peut positivement admettre qu'une portion fort notable du trafic de la Boucle du Niger trouvera ainsi son issue par la Guinée française, grâce à l'initiative du gouverneur Ballay et au concours qui lui a été donné par l'administration supérieure des colonies et les commerçants.

En dehors de cette voie de pénétration vers le Niger, le même gouverneur a fait construire une autre route d'une cinquantaine de kilomètres, qui conduit du Dubreka à la rivière Bady et qui doit être prolongée vers le Fouta-Djalon dès que les ressources spéciales de la colonie le permettront.

Le premier soin d'un administrateur colonial est d'appliquer la plus grande partie de ses ressources à la construction de routes qui permettent de pénétrer le plus loin possible dans l'hinterland. C'est ce qu'a fait le gouverneur de la Guinée française et je suis heureux de remercier ici M. Ballay des services qu'il a rendus et qui devront servir d'exemple.

A la Côte d'Ivoire, les dépenses d'administration sont de 42 0/0, les dépenses du personnel de 59 0/0 du chiffre total du budget. Ce que l'on appelle les travaux publics ne dépasse pas 13,90 0/0, bien que la proportion entre les dépenses de ce personnel spécial et le montant des travaux effectués soit de 116 0/0.

Au Dahomey, nous retrouvons 67 0/0 de dépenses d'administration, 49 0/0 de frais de personnel. Le rapport entre le traitement des agents des ponts et chaussées et le chiffre des travaux exécutés est de 29 0/0. Depuis la conquête, il n'a été construit aucune route, il n'a été exécuté aucune espèce de travaux publics. Puisque nous sommes au Dahomey, il faut que je vous raconte ce que m'a rapporté un de mes amis qui est revenu tout dernièrement de la côte d'Afrique où il est allé passer dix-huit mois.

Après avoir visité le Togo et Lagos, il débarqua à Kotonou. Le soir, en se promenant sur la plage, il vit un monsieur très bien mis qui se promenait également. Il demanda au nègre qui l'accompagnait quel était ce monsieur ; le nègre lui répondit : « C'est le capitaine du port ». Mon ami voulut faire, le soir même, la traversée du lac Denham et s'embarqua dans une pirogue avec son nègre ; un quart d'heure après, il s'échoua et, malgré tout ses efforts, il passa la nuit à la belle étoile dans cette critique position, ce qui n'a rien d'agréable dans un pays où l'on attrape les fièvres très aisément. Enfin, le lendemain matin, il put rentrer et lorsqu'il débarqua, vers 5 heures et demie ou 6 heures (moment où il est également agréable de se promener) il retrouva le même monsieur, bien mis, faisant les cent pas avec la même philosophie. S'avançant vers lui très poliment, mon ami dit au monsieur bien mis : « Monsieur le capitaine du port, vous ne devez pas avoir grand'chose à faire ? — Non, répondit le capitaine du port, pas grand'chose et même rien du tout. — Eh bien ! vous pourriez exécuter une œuvre *bien* utile en faisant baliser le lac Denham. Vous rendriez ainsi grand service à tous les commerçants, car je viens d'être obligé de passer toute la nuit dans une pirogue qui s'est échouée ; il serait à désirer que l'on pût traverser le lac, même avec des pirogues d'un plus fort tonnage, sans risquer de s'échouer. — C'est possible ! mais cela ne me regarde pas ; je suis capitaine de port ; si l'on veut baliser le lac que l'on fasse venir des ingénieurs. Quant à moi, je suis capitaine de port, et je resterai capitaine de port ! »

Il est très fâcheux que dans l'administration française il y ait tant de gens qui restent capitaines de port !!

A la Martinique, 22 agents dont les traitements coûtent 100,436 francs effectuent pour 556,323 francs de travaux.

A la Guadeloupe, 23 agents représentant comme solde une somme de 107,644 francs font 700,378 fr. de travaux.

A la Réunion, 19 agents payés 82,948 francs exécutent 460,000 francs de travaux.

Dans les établissements de l'Inde, 18 agents rémunérés sur le pied de 55,507 fr. ont 136,248 fr. de travaux à exécuter.

Cette énumération suffit à montrer la proportion exagérée qu'atteignent, dans nos colonies, les frais généraux d'administration. Elle prouve également qu'on n'attache aux dépenses reproductives, et en particulier aux entreprises de travaux publics, qu'une importance très relative. On se soucie avant tout de faire vivre un nombreux personnel et on se préoccupe peu de bien employer son temps et de le faire tendre, dans ses études et dans ses efforts, vers l'amélioration des conditions économiques imposées par la nature à la colonie.

Maîtres de leurs destinées financières, dispensateurs de leurs ressources, nos établissements d'outre-mer auront vite fait de mettre fin, d'eux-mêmes, à ce gaspillage et à cet aménagement défectueux de leurs budgets.

Je n'irai pas jusqu'à prétendre qu'il n'est point de salut en dehors de l'application du système que je viens de vous exposer. J'ai cependant l'intime conviction qu'il serait difficile de faire beaucoup mieux.

Cette méthode présente, en effet, beaucoup d'analogie avec les procédés usités par les Anglais en matière coloniale. M. Chailley-Bert nous a donné dans un ouvrage que nous avons tous apprécié, et qui, maintenant encore, peut servir de guide à tous ceux qui sont mêlés à la vie coloniale, un exemple frappant de ce que les Anglais ont su faire en Asie. Sans revenir sur ce sujet, je voudrais vous fournir quelques rapides indications sur l'organisation des

colonies anglaises de la côte occidentale d'Afrique.
M. Paul Leroy-Beaulieu, dans la très instructive
conférence qu'il nous a faite sur « les Grandes Compagnies de colonisation » s'est occupé de cette
question avec trop de compétence pour que j'aie la
prétention de vous apprendre quoi que ce soit après
lui ; mais il l'a fait surtout au point de vue des
Compagnies à charte. Je voudrais vous parler des
colonies anglaises qui sont limitrophes des nôtres
et qui présentent avec elles de très grandes analo-
gies.

Le système anglais se réduit aux idées générales
suivantes :

Là où la population blanche est prépondérante et
suffisamment dense, les Anglais ont fait une application très large de leurs idées de liberté, en affran-
chissant les colonies de la tutelle de la mère
patrie.

Lorsque la présence d'un élément indigène rend
l'application de ce régime impossible, on distingue
entre les colonies où la population blanche est suffisamment nombreuse pour pouvoir participer à la
gestion des affaires sous le contrôle de fonctionnaires
coloniaux, et celles où les garanties à assurer aux
indigènes, en présence d'une population blanche
très restreinte, exigent une administration directe,
sans aucune participation de l'élément européen
local.

Mais ce dernier système n'est pratiqué par les
Anglais qu'à leur corps défendant. Ils le considèrent
comme une entrave à l'essor d'une colonie. Il n'en
est pas moins vrai qu'il est encore supérieur à
notre organisation hybride qui consiste à contre-
carrer notre administration directe en accordant

aux colons et aux indigènes le droit d'avoir des corps élus et des représentants dans les Assemblées législatives de la métropole.

Je dois à la vérité de reconnaître que cette comparaison n'est pas aussi concluante qu'on pourrait le supposer. Les Anglais n'ont pas beaucoup mieux réussi que nous sur la côte occidentale d'Afrique; mais la faute n'en est point à leur méthode ; elle est due surtout au caractère britannique.

Il est toujours difficile de gouverner un pays contre la volonté de ses habitants. En Afrique, les Anglais ont gouverné comme s'il n'y avait pas eu d'habitants du tout. Lorsqu'une longue ligne de côtes a été déclarée territoire britannique et qu'elle a été placée sous le contrôle des officiers de la douane anglaise, toute autorité indigène se trouve détruite par cela même jusqu'à une profondeur considérable dans l'intérieur. Il en résulte une grande perturbation, un régime de meurtres et de pillage dont personne n'est rendu responsable.

L'administration anglaise, cantonnée dans les limites qui lui ont été assignées, demeure sous la protection de ses forts et de ses croiseurs, sans se préoccuper de l'influence délétère qu'elle peut avoir sur l'administration indigène, à laquelle son seul contact a fait perdre toute autorité. Ce n'est pas exagérer de dire que toutes les guerres, les conflits, les haines et les troubles qui se manifestent aux alentours des « Settlements anglais » sont dus entièrement à une égoïste négligence et à une injustice de parti pris à l'égard des indigènes.

Prendre possession d'un simple ruban de côtes, comme l'Angleterre l'a souvent fait, et refuser d'assumer la responsabilité de l'administration de l'hinterland, est manifestement un procédé injuste, car les indigènes de l'intérieur se trouvent indirectement frappés par les droits de douane, comme ceux de la côte et probablement davantage, car ils n'ont pas les mêmes facilités pour faire la contrebande et ne reçoivent en échange aucune compensation.

Il me semble que le meilleur mode de gouvernement dans ces parages consisterait à se servir de l'intermédiaire des chefs de tribus jouissant d'une réelle autorité sur les indigènes et choisis avec discernement.

La nation européenne qui adoptera cette méthode très simple envers une race qui a été injustement traitée, accomplira une œuvre belle et féconde. Une expérience de plus de deux siècles a démontré que l'élément européen ne peut vivre dans cette partie de l'Afrique qu'en petit nombre et en courant les plus grands risques au point de vue de la santé. Il faut donc que le pays soit administré et gouverné par l'élément indigène, assisté et guidé dans cette tâche par les fonctionnaires du pays conquérant.

De cette constatation nous pouvons tirer un double et précieux enseignement. Notre nature généreuse se prêtera volontiers à pareille combinaison. La mansuétude de nos explorateurs, les procédés pacifiques qu'ils n'ont cessé d'employer pour arriver à leurs fins, la sympathique autorité dont ils jouissaient auprès des populations indigènes nous en sont de sûrs garants. Nous n'avons, en un mot, qu'à nous laisser aller aux inclinations de notre génie propre pour réussir là où nos rivaux pourraient échouer. Les guerres qui ont désolé le centre de l'Afrique semblent terminées. A nous de nous concilier l'amitié de ces malheureuses tribus décimées et ruinées et de leur offrir, en même temps que notre protection, les conditions de bien-être indispensables à leur prospérité.

Il n'est un secret pour personne que le centre de l'Afrique est aujourd'hui peu peuplé. Le réservoir duquel ont été tirés sans mesure les esclaves exportés en Amérique par les négriers a fini par s'épuiser. L'esclavage est mort sans doute, mais ses conséquences subsistent. Les guerres de tribu à tribu, les meurtres, les razzias sont passés à l'état de maladies endémiques dans ces infortunées régions. Si l'intrusion des nations européennes peut améliorer l'avenir, ce ne sera qu'au prix de soins assidus et de longs efforts. Il faudra laisser s'effacer le souvenir des expéditions militaires et du contre-coup qu'elles ont eu dans le monde noir. Il faudra faire œuvre humanitaire et tutélaire en protégeant les indigènes contre eux-mêmes, contre les tentations que fait naître notre contact. L'amélioration de leur sort devra nous préoccuper au même titre que les destinées de leur race. Toute sensiblerie mise à part, nous avons besoin d'eux, absolument. Les blancs ne peuvent vivre sous ce climat qu'à la condition de se borner à diriger le travail et les exploitations, sans travailler, sans exploiter eux-mêmes.

M. Paul Leroy-Beaulieu avait parfaitement raison en vous disant dernièrement qu'il n'avait qu'une médiocre confiance dans la tentative projetée d'envoyer au Dahomey des Alsaciens-Lorrains. Si on les envoie près de la côte, comme défricheurs, comme piocheurs, ils mourront des fièvres ; si on les parque sur le plateau d'Abomey, comme il n'y a pas de routes, ils auront besoin d'une fameuse dose de philosophie pour vivre ainsi privés de toute communication avec des gens civilisés.

Nous n'avons donc pas seulement à tirer parti des richesses naturelles de cette zone, nous avons à y conserver et à y multiplier le capital humain. La mortalité effroyable de 50 à 60 0/0 qui décime la population enfantine et les femmes, les épidémies de petite vérole doivent attirer notre attention et il convient d'y remédier au plus tôt.

Nous aurons chance de faire ainsi de la bonne politique coloniale, de toucher le cœur de nos sujets et de repeupler ces régions. Et ce n'est point là une question de pur sentiment, un résultat d'ordre purement moral. L'Islam descend du nord de l'Afrique vers nos autres possessions. Les marchands d'esclaves l'y ont importé en même temps que leurs pratiques détestables. Il s'étend avec rapidité. Vous savez que la religion mahométane élève une barrière difficile à rompre entre ceux qu'elle a séduits et les peuples européens.

Hâtons-nous donc, et afin de préserver ces populations, faisons-les nôtres le plus vite et le plus complètement possible, multiplions les écoles et les moyens de propagande.

Certaines gens refusent de tenir compte du parti que l'on peut tirer de la propagande religieuse pour les progrès de l'œuvre colonisatrice. Sous prétexte de combattre le cléricalisme, on a engagé une guerre aveugle contre toute œuvre catholique, qu'elle se produise en France ou à l'étranger. Je n'ai pas le moins du monde l'intention de parler de ce qui se passe en France. Mais pour l'influence extérieure chez les peuples barbares, la propagande religieuse est à coup sûr un des moyens d'action les plus énergiques. Tous ceux qui connaissent l'Orient et l'Extrême-Orient ne me contrediront pas. La raison, d'ailleurs, et l'expérience des autres peuples le prouvent. C'est la communauté de religion qui fait que la Russie a une prise sérieuse sur une grande partie des habitants de l'empire turc et les sociétés bibliques anglaises sont parmi les instruments les plus efficaces de la politique et du commerce anglais. On a été jusqu'à calculer à Londres ce que chaque missionnaire rapportait à l'industrie nationale. On est bien loin chez nous de se livrer à ces calculs et pour vous le prouver, Messieurs, je me souviens qu'un de mes honorables collègues, me combattant un jour à la tribune de la Chambre et voulant dénigrer la politique coloniale, s'écria : *Votre politique coloniale est une politique de missionnaires et de commissionnaires.* Hélas non !! Il le faudrait. Mais elle n'est malheureusement qu'une politique de fonctionnaires.

A l'appui de l'opinion que je soutiens devant vous, je ne résiste pas au plaisir de citer quelques lignes de la conclusion d'un jeune historien, M. Toutain, qui, le 12 décembre dernier, a brillament soutenu une thèse en Sorbonne sur la colonisation romaine dans l'Afrique du Nord : « Loin de chercher, en étudiant « le passé, à oublier le présent, dit-il, j'ai tenu, au « contraire, à ne point paraître ignorer certaines « grandes questions contemporaines », et c'est après après avoir procédé dans cet esprit, avec cette largeur de vues, à l'étude qu'il s'était proposée, qu'il conclut en ces termes :

« En vain, dit-il, un conquérant, si puissant qu'on le « suppose, voudra-t-il dédaigner la nature et détruire « le passé ; il n'y réussira jamais. Une contrée depuis

« longtemps habitée n'est pas une table rase... Une
« civilisation ne s'importe pas tout entière du dehors,
« comme un ballot de laine, comme un sac de verro-
« teries... Les peuples sont jaloux de leur indépen-
« dance ; ils tiennent à leurs traditions, à leurs
« mœurs séculaires. La seule volonté d'un vainqueur
« ne pourra pas effacer ces traditions, transformer
« ces mœurs. Plus même cette volonté se manifes-
« tera, plus elle prétendra s'imposer, et moins ses
« efforts seront heureux. Le fanatisme national et
« religieux, toujours ombrageux, toujours facile à
« surexciter, entretiendra les rancunes, encouragera
« les résistances. Des champs de bataille, la guerre
« envahira les cœurs et les âmes. Apprenons du
« peuple le plus guerrier qui ait vécu dans l'anti-
« quité, qu'aux luttes militaires doit succéder la
« collaboration pacifique des ennemis de la veille, et
« que toute conquête coloniale est fatalement stérile
« et vaine, que ne suivent pas l'union, la fusion, la pé-
« nétration mutuelle des vainqueurs et des vaincus. »

En second lieu, sachons bien que tant que nous
restons sur la côte, nous avons à peine franchi le
seuil de nos possessions. Nous devons tendre vers
l'intérieur, établir des routes, créer même des chemins de fer, substituer une voie permanente et toujours libre aux voies fluviales soumises à tous les
caprices des saisons, aux accidents climatériques
et aux rapides. Les routes et les chemins de fer
sont, dit-on, pour les pays sauvages la lumière et la
vie. Il y a peu de routes et peu de chemins de fer
dans l'Afrique occidentale anglaise. Là se trouve la
cause principale de leur stagnation.

Nous pouvons donc prendre les devants et il nous
sera d'autant plus facile de distancer nos concurrents

que la cause de leur infériorité, ainsi que je l'ai déjà dit, gît bien plus dans leur égoïsme naturel que dans leur défaut d'expérience et d'habileté coloniales.

En étudiant l'administration des colonies anglaises de la côte occidentale d'Afrique, on est frappé de la simplicité et de l'uniformité de leur organisation politique. Les administrations locales n'ont en quelque sorte que la délégation des pouvoirs du gouvernement impérial.

D'autre part, le commerce anglais jouit d'un rôle prépondérant, grâce à ses cotonnades qui forment la principale marchandise qui ait cours dans toutes ces régions. Il appartiendrait à l'initiative privée en France de lui disputer ce marché.

Enfin, ces colonies ne coûtent rien ou presque rien à l'Angleterre. La presque totalité des recettes provient des droits de douanes, plus modérés et plus rationnellement appliqués que chez nous, et ces ressources permettent de subvenir à la totalité de leurs dépenses. Si donc, dans nos colonies, les dépenses sont supérieures aux recettes et nécessitent des subventions de la métropole, alors que dans les colonies anglaises ce sont les recettes qui dépassent les dépenses, cela tient sans doute à ce que nos frais d'administration sont exagérés et à la défectuosité de leur régime économique. Cette dernière conclusion vient corroborer pleinement la nécessité que je vous ai signalée tout à l'heure et que vous avez sans doute reconnue avec moi, de reviser les rapports financiers entre les colonies et la métropole et d'améliorer la gestion des intérêts propres de nos divers établissements.

En ce qui concerne l'administration intérieure

des colonies, notre régime comporte soit la représentation par un Conseil général, soit l'administration par un gouverneur assisté d'un Conseil privé. Ce Conseil privé n'existe, du reste, que pour la forme. Il est composé en grande majorité de fonctionnaires administratifs auxquels le gouverneur adjoint deux notables, qu'il choisit à son gré, et ces deux notables sont aussi peu notables que possible. Ce sont des gens dévoués, avant tout, à qui les nomme, et nommés précisément en raison du dévouement qu'on leur suppose. Admettre dans un Conseil privé un homme de large surface, jouissant d'une indiscutable notoriété et d'une haute situation commerciale, serait risquer de s'imposer un contradicteur. Ce risque, on ne le court pas volontiers. En fait donc, le Conseil privé, tel qu'il est composé, ne présente absolument aucune garantie et on peut soutenir que nos colonies se divisent en deux catégories : dans la première, les corps élus sont tout et le gouverneur n'est rien ; dans la seconde, le gouverneur est tout et le Conseil privé n'est rien.

Je choisirai quelques exemples entre mille.

A la Réunion, colonie dont la situation financière est des plus mauvaises, est arrivé dernièrement un gouverneur actif et énergique qui a mis tous ses soins à rétablir un peu d'ordre dans les finances locales. Ses réformes lui ont attiré l'inimitié des sénateurs et députés qui ont multiplié les démarches pour obtenir le départ de ce gêneur. Le Gouvernement, tout en appréciant les mérites de son fonctionnaire et en rendant hommage au courage dont il a fait preuve, se dispose aujourd'hui à céder aux sollicitations des représentants de la colonie. Vivre en paix avec ces derniers, voilà ce qu'il désire avant tout ; il est prêt, pour y arriver, à tous les sacrifices et rien autre n'a retardé la nomination d'un gouverneur plus conciliant que la préoccupation de chercher une compensation pour son prédécesseur.

Le rapport de M. Krantz sur l'emprunt de 80 millions que se propose de contracter le protectorat de l'Annam et du Tonkin pour liquider son passif et exécuter un programme de travaux publics, suffit à nous édifier sur les regrettables errements qui ont été suivis dans cette région. Je n'en parlerai pas, car M. Ulysse Pila la connaît mieux que personne et il doit vous faire une conférence dans quelques semaines.

Permettez-moi de vous dire, cependant, que j'ai bon espoir que la sage administration de M. Rousseau ne tardera pas à remettre les choses au point.

L'administration du Congo avait imaginé, pour se procurer des ressources, d'imposer une patente de 150 francs par tête aux détaillants et traitants indigènes, indispensables auxiliaires des maisons européennes installées sur la côte, et qui seuls peuvent pénétrer dans l'intérieur, dans la brousse, pour se livrer aux échanges avec les populations de l'hinterland. De telle sorte que les comptoirs devaient naturellement faire l'avance de cette patente et ajouter cette somme au prix de la pacotille qu'ils remettaient entre les mains des traitants indigènes. Ces derniers sont loin d'être tous des modèles de fidélité et de vertu. Nombre d'entre eux ne reparaissent pas plus que les objets qu'on leur a confiés. D'où un risque très sérieux auquel on avait cru bon d'ajouter, sans doute pour faciliter l'expansion du commerce local, la perte sèche des 150 francs avancés à titre de patente.

Le 8 décembre 1894, le commissaire général du Gouvernement, cédant aux justes réclamations des commerçants, supprimait cette patente à partir du 1er janvier 1895. Il imposait, en retour, un feuillet individuel pourvu d'un timbre spécial du prix de 25 francs, ce qui était encore excessif. Puis, sans crier gare, dans sa séance du 3 juillet 1895, le Conseil privé revint sur sa décision et arrêta que tous les négociants qui ont des traitants à poste fixe devront payer une patente de 150 francs par tête de traitant, et un rôle supplémentaire de 125 fr. par indigène fut établi au titre des patentes de l'année 1895.

Tel est le régime libéral et stable auquel sont soumis trop souvent nos négociants, mais à ce premier encouragement s'ajoute la facilité avec laquelle sont modifiés les tarifs douaniers et les bases de perception. Il est arrivé maintes fois que des aggravations sérieuses ont été apportées dans la perception des droits, sans que nos négociants en aient été seulement prévenus et dans le seul but de leur appliquer un véritable « cadenas colonial », de telle sorte que des navires, partis sur la foi des errements anciens, ont été accueillis par les plus désagréables surprises.

Au cours de l'expédition de 1890, comme pendant celle de 1892, au Dahomey, les factoreries de nos commerçants ont été pillées et saccagées. Croyez-vous qu'une fois la guerre terminée, on ait songé à les indemniser d'une façon quelconque, directement ou indirectement, qu'on leur ait adressé au moins quelques paroles de consolation?..... Pas le moins du monde. « C'est pour vous que la guerre a été faite, leur a-t-on dit, vous devez donc vous estimer bien heureux. Réédifiez vos factoreries, remplissez-les à nouveau de marchandises variées. On vous a pillé pour seize à dix-huit cent mille francs !..... qu'est-ce que cette misère pour des |gens de votre importance ? En droit, nous ne vous devons rien. »

Je me trompe peut-être, mais j'incline à penser que c'est une singulière façon d'engager les capitaux à prendre la route des colonies. S'ils sont timides, c'est qu'ils n'ont pas confiance et vous m'avouerez qu'ils n'ont pas tout à fait tort. Si l'on veut coloniser en traitant les commerçants comme des parias, ils ne seront représentés dans notre domaine colonial que par ceux qui n'ont rien à espérer dans la mère patrie et ont même de bonnes raisons pour n'y pas rester.

A côté de l'omnipotence dont jouissent les gouverneurs à l'égard des commerçants, il y a au contraire des cas où ils manquent absolument d'autorité et je tiens à vous en citer un qui présente une très grande importance et dont les commerçants sont encore victimes.

Dans certains cas, le gouverneur n'a aucune autorité sur les troupes coloniales qui occupent certains postes dans sa colonie. Ces troupes, commandées pour la plupart par des officiers subalternes, jouissent d'une sorte d'autonomie parfois fort dangereuse. Un sergent de tirailleurs sénégalais ou soudanais a, pour ainsi dire, autant de pouvoir dans le district où son poste est établi et s'en arroge beaucoup plus que le gouverneur lui-même. Cet état de [choses, cette dualité de pouvoirs, cette anarchie administrative, a produit déjà de détestables effets et il est urgent qu'on y remédie au plus tôt.

J'en arrive enfin, Messieurs, à vous indiquer dans quelles conditions devrait être organisée, suivant moi, la représentation intérieure de nos colonies.

Que nos colonies fassent de la politique, je le veux bien ; mais cette politique doit se borner à peu de chose : elle ne saurait avoir d'autre programme que de resserrer les liens d'affection avec la métropole et, d'autre part, de seconder par tous les moyens possibles leur propre essor. Sur le premier point, tout le monde est d'accord. Je n'ai jamais douté de la fidélité de nos colons. Quant aux intérêts particuliers de la colonie, par qui seront-ils mieux représentés et défendus que par ceux-là mêmes qui sont venus s'y installer pour faire des affaires et qui, par leur commerce, donnent matière à transactions, à perception d'impôts, qui constituent, en un mot, les uniques ressources de la colonie ? Nous avons eu longtemps, en France, dans nos communes, l'adjonction des plus imposés, que l'on appelait au Conseil municipal, même quand ils n'en faisaient pas partie. Ils délibéraient et donnaient leur avis sur l'inopportunité ou l'opportunité de telle ou telle entreprise, de telle ou telle dépense et toute liberté leur était donnée pour produire publiquement leurs observations.

Cette institution a disparu ; je ne la regrette pas, j'en retiens toutefois le principe que je voudrais d'autant plus voir appliquer aux colonies qu'il n'y existe pas de représentation d'intérêts proprement dits. Je voudrais que dans ces pays, en voie de formation, où le négoce prime tout, où il importe aussi bien à la métropole qu'aux colonies que ce négoce réussisse et porte des fruits, je voudrais que le négociant eût accès dans les assemblées publiques et que son bulletin de vote y fût prépondérant. Je voudrais que lorsqu'une décision arbitraire ou nuisible intervient, les intéressés aient la possibilité de protester, d'éclairer l'administration et d'exposer leurs doléances.

Pour cela, il faudrait concevoir tout autrement l'organisation intérieure de nos colonies ; il faudrait laisser le politicien au second plan. Je ne sais si on aura ce courage. Pour moi, je crains bien que si on ne procède pas bientôt à une réforme de cette nature, les caprices fiscaux des assemblées locales ne se multiplient et ne s'aggravent, et que les intérêts économiques de nos possessions d'outre-mer ne soient compromis et sacrifiés.

Il est fort délicat pour un député de critiquer le rôle des corps élus, et croyez bien que je n'ai aucunement l'intention de dire quoi que ce soit de désobligeant à l'égard d'un seul de mes honorables collègues, mais laissez-moi vous lire un passage de l'ouvrage de M. Gabriel Charmes, dont je vous ai déjà entretenu et dans lequel il a traité ce point spécial avec une liberté que je n'ai pas.

« *Il est difficile peut-être de revenir sur un régime*
« *sanctionné par la Constitution, et qui semble*
« *entré dans nos mœurs. Mais il n'est que temps de*
« *réduire les sénateurs et les députés au rôle qui*
« *leur appartient. Ils ne sont pas autre chose que*
« *leurs collègues, ils n'ont pas d'autres droits qu'eux;*
« *qu'ils prennent part à la confection des lois, soit !*
« *bien qu'on puisse trouver étrange de voir voter*
« *ces lois par les représentants de contrées où elles*
« *ne doivent pas être appliquées; mais qu'ils*

« *laissent au Gouvernement le soin d'administrer*
« *les colonies, d'en surveiller les intérêts. Il faut que*
« *celui-ci mette fin au pouvoir absolu que s'attri-*
« *buent certains conseils coloniaux, au mépris de*
« *tous les droits ; qu'il prépare une nouvelle Consti-*
« *tution coloniale dans laquelle les attributions*
« *seront nettement définies et séparées ; qu'il oblige*
« *les assemblées locales à se soumettre, comme les*
« *Conseils généraux français, au contrôle d'une*
« *autorité supérieure, assez forte pour les empêcher*
« *de dépasser le mandat qui leur appartient. Or, il*
« *ne pourra y arriver qu'à la condition de résister à*
« *cette pression des députés sous laquelle il est écrasé*
« *aujourd'hui.* »

On ne cesse de répéter que nous n'avons étendu
notre empire colonial ni pour assurer l'avancement
de nos officiers, ni pour multiplier le nombre de
nos fonctionnaires, ni pour fournir aux débris de la
vie métropolitaine un semblant de carrière. C'est
donc que nous avons l'intention de coloniser vrai-
ment, c'est-à-dire d'exploiter les richesses naturelles
des pays que nous avons conquis et d'augmenter
les débouchés nécessaires à notre commerce exté-
rieur. Qu'en conclure, si ce n'est que le commerce
est l'agent colonisateur par excellence et que le
commerce doit prendre le pas, là où on compte sur
lui pour accomplir, à lui seul et sous sa responsabilité, l'œuvre peut-être la plus tentante et la plus délicate que l'on puisse entreprendre à la fin de ce siècle?

Je renonce, à vous conduire dans l'obscur
labyrinthe de la législation qui régit le fonction-
nement intérieur de nos colonies, pour arriver plus vite aux quelques observations que je

voudrais vous présenter au sujet de leur situation économique.

La question est pleine d'actualité. M. Turrel, rapporteur du budget des colonies pour l'exercice qui vient de s'ouvrir, a eu l'idée heureuse de déposer un rapport spécial sur la situation économique des colonies françaises. Ce travail est réellement pratique et rendra de grands services aux personnes qui s'occupent de travaux de cette nature. Il a coordonné un grand nombre de documents statistiques et les a présentés dans un cadre nouveau qui les rend faciles à consulter.

J'entends bien que M. Turrel n'avait pas borné là son ambition. Il a voulu en réalité déposer un bilan protectionniste—cela va sans dire—des rapports commerciaux entre la métropole et les colonies et je ne serais pas surpris que ce travail ne cachât un projet très vaste et ne fût le point de départ d'une véritable campagne des protectionnistes contre l'entrée en franchise des produits coloniaux en France. Divers bruits de couloir, certaines phrases échappées des bouches les plus autorisées, m'autorisent à supposer que mes craintes ne sont que trop justifiées. Quel nouveau et précieux encouragement pour la mise en valeur de nos possessions lointaines et le placement de nos capitaux dans cette branche de commerce !!

M. Turrel constate que le commerce général de toutes les colonies françaises (l'Algérie et la Tunisie exceptées) s'est élevé, en 1894, à la somme de 476,000,000 de francs. Sur ce total, l'étranger a fait avec nos colonies un chiffre d'affaires de 259 millions. La part de la France n'est que de 213 millions, soit environ 46 millions de moins.

Les colonies françaises ont importé, c'est-à-dire acheté au dehors, pour 223 millions en 1894. Sur ce chiffre, elles ont acheté pour 124 millions à l'étranger et 95 millions à la France, soit une différence en moins de 29 millions.

Les colonies ont exporté, en 1894, c'est-à-dire qu'elles ont vendu, pour 252 millions. L'étranger en a reçu 134 et la France 118, c'est-à-dire 17 millions en moins.

D'un autre côté, si on compare entre elles ces exportations et ces importations, on trouve que l'étranger a importé dans nos colonies pour 124 millions et leur a acheté pour 134 millions, soit environ 10 millions en faveur des colonies ; la France, au contraire, a importé 95 millions et acheté pour pour 118 millions, soit 23 millions en faveur des colonies.

M. Turrel en conclut :

1° Que les relations commerciales de nos colonies avec l'étranger sont plus actives qu'avec la métropole ;

2° Que les importations dans les colonies, c'est-à-dire leurs achats, sont plus considérables à l'étranger qu'en France, puisque la France vend aux colonies ponr 23 millions de moins que l'étranger ;

3° Que la balance du commerce qui, en ce qui touche l'étranger, n'est favorable aux colonies que pour 10 millions, est, à l'égard de la France, favorable aux colonies de 23 millions, bien que le chiffre total des affaires entre la France et ses colonies soit de 46 millions inférieur au chiffre que font nos colonies avec l'étranger.

La situation se résume ainsi, d'après M. Turrel: un débouché de 95 millions nous coûte 80 millions par an ; l'étranger a un débouché de 126 millions, sans bourse délier.

Cette conclusion est très nette et j'ai été fort étonné de constater que M. Turrel s'était fort peu soucié d'en tirer parti. Il paraît cependant que quand on fait de mauvaises affaires pour le plus grand bénéfice du voisin, le seul parti que l'on ait à prendre soit de fermer boutique après avoir liquidé sa situation. En bonne logique, le rapporteur, après nous avoir montré le rôle de dupe que nous jouons en matière coloniale, aurait dû nous inviter à déserter les territoires que nous occupons, à laisser à d'autres, encore plus naïfs, le soin de les annexer, et nous nous serions amusés à commercer avec les colonies étrangères pour jouer un mauvais tour à nos voisins.

Le rapport ne contient rien de tout cela. Il se termine au contraire par l'exposé de plusieurs *desiderata*, auxquels, tout libre-échangiste que je puisse être, je m'empresse de m'associer.

M. Turrel croit impossible d'assimiler complètement les colonies à la métropole, au point de vue douanier, et de leur imposer un tarif uniforme.

Il croit qu'il faut assouplir le régime douanier métropolitain aux exigences qui résultent de la variété même de notre domaine colonial.

L'application des deux règles qui précèdent ne doit pas avoir d'autre but que le développement progressif du commerce de la métropole avec ses colonies et la défense du marché colonial au profit des produits français, à l'encontre des produits étrangers.

Sur ce dernier point, l'accord ne saurait être complet entre mon honorable collègue et moi. Il fait allusion sans doute au pacte colonial qui a apporté de si sérieuses entraves au développement de nos anciennes colonies. Vous savez en quoi consistait le pacte ou système colonial : tout le commerce d'importation et d'exportation des colonies devait être réservé à la métropole. En conséquence, il était interdit aux étrangers de faire aucun commerce dans nos possessions et aux négociants et capitaines français de transporter dans les pays étrangers aucune marchandise provenant de ces colonies. Je soupçonne l'école protectionniste de comploter quelque chose comme le retour à ce pacte, et je n'ai pas besoin de vous dire que je n'ai aucune envie de m'associer à cette œuvre de réaction.

J'admets, toutefois, que la mère patrie peut, par exemple, encourager au début de la colonisation, par des concessions territoriales ou autres, la création de comptoirs sur les points les plus propices ; prêter à ses commerçants le concours des autorités locales pour leur permettre d'entrer les premiers en relations d'échange avec la population indigène ; favoriser l'importation de ses produits dans ses possessions, en provoquant par des privilèges la fondation de banques qui procurent à ses nationaux le crédit et l'échange à de bonnes conditions ; abaisser les frets par l'établissement de lignes de navigation subventionnées ; accorder, à prix égal, la préférence à ses fabricants pour toutes les fournitures à faire aux services publics des colonies ; exiger de ses agents l'envoi périodique de renseignements commerciaux, etc... Il existe, en un mot, de nombreux moyens pour la métropole d'assurer à son industrie et à son commerce une protection efficace dans des contrées qui sont placées sous sa dépendance administrative et politique.

Aussi bien, si protectionniste qu'il soit, M. Turrel n'est qu'un bien tiède apôtre. La théorie dont il s'inspire et dont il semble redouter les conséquences, a rencontré à la Chambre des députés un défenseur autrement ardent. A l'occasion de la discussion des crédits destinés à l'expédition de Madagascar, M. Henry Boucher a fait connaître dans toute son ampleur la doctrine dont doivent se réclamer désormais les partisans de la protection.

« Si nous envisageons toutes les autres colonies,
« abstraction faite de l'Algérie — cette admirable
« façade que la France s'est construite au grand
« soleil — nous voyons que nous y expédions pour
« 101 millions de marchandises et que nous en rece-
« vons pour 176 millions ; et lorsque vous nous dites
« que vous allez ouvrir dans les colonies des débou-
« chés à la production française, c'est là une singu-
« lière erreur. Ce ne sont pas des débouchés que
« vous créez à la production française ; ce sont, au
« contraire, les portes de la France que vous tenez
« ouvertes à des produits plus privilégiés, parce
« qu'ils nous arrivent sous le couvert du bon mar-
« ché de la main-d'œuvre. En sorte que, quand vous
« envoyez un jeune soldat du Puy-de-Dôme ou des
« Basses-Alpes dans ces pays nouveaux, quand vous
« l'envoyez servir, avec l'honneur de la France, ses
« prétendus intérêts, savez-vous quel est le résultat
« de ses efforts ?

« Il entrebâillera la porte des colonies aux pro-
« duits français ; il ouvrira toutes grandes les portes
« de la France aux jaunes, aux noirs qui s'abritent
« sous notre drapeau, aux étrangers qui ne se

« mêlent à eux que pour nous desservir. Il ira mettre
« en concurrence ce jaune ou ce noir, qui se nourrit
« d'une poignée de riz valant 0 fr. 20, avec son père,
« avec son frère, qui ont peine à vivre dans la mère
« patrie, dont ils supportent toutes les charges, avec
« un salaire de 1 fr. 50 par jour.

« Voilà la toison d'or de ce victorieux !

« Les résultats matériels de votre système colonial
« fonctionnaire sont-ils plus brillants pour l'ensemble
« de la nation ? Hélas non !

« Sur les sept milliards qui représentent en impor-
« tation et en exportation le commerce de la France
« en 1893, les échanges avec les colonies, y compris
« l'Algérie, ne comptent que pour 8 0/0.

« Les échanges libres rapportent près de 450 mil-
« lions en droit de douanes, et ces échanges privilé-
« giés affranchis de droits de douane, coûtent au
« contraire 60 millions pour les colonies extra-médi-
« terranéennes, 23 millions pour l'Algérie, 18 mil-
« lions de garantie d'intérêt, plus de 100 millions !

« Et nous ne comptons pas, Messieurs, les capitaux
« engagés dans la conquête, le matériel de guerre
« et le matériel maritime consacrés à leur défense,
« la vie des hommes surtout, capital précieux, dont
« la perte irréparable pèse sur les destinées mêmes
« de la patrie.

« Ne parlons donc pas d'intérêt matériel dans la
« politique coloniale telle que vous l'entendez, ce
« serait un leurre. »

Il me serait facile de répondre à ce réquisitoire
passionné. Mais la politique coloniale de la France
n'a pas besoin d'être justifiée ni défendue devant
vous.

Je me contenterai de faire valoir un simple argument de bon sens. Si la folie coloniale sévit sur notre pays, elle n'épargne guère les autres nations du globe. Depuis vingt ans, le partage des régions encore inoccupées ou inconnues a constitué la p'us grosse besogne de la diplomatie européenne et a souvent tenu le premier rang parmi les préoccupations de puissants pays. Tout récemment encore, il y a quelques jours, un conflit des plus graves n'a-t-il pas failli éclater à l'occasion d'une question purement coloniale. Les peuples se surveillent d'un œil jaloux et semblent prêts à se jeter les uns sur les autres, s'ils trouvent que la part de chacun ne lui est pas équitablement attribuée.

Cet état d'âme, cette âpreté dans le désir, qui irait jusqu'à déchaîner la guerre et qui pourrait amener de terribles désastres, ne constituent point de pures aberrations. Il faut voir dans l'évolution économique qui pousse les nations civilisées à chercher un remède à la surproduction et un débouché pour leur industrie, la cause impérieuse et uniforme de leurs aspirations coloniales. Il me paraîtrait difficile d'admettre que, seul dans l'univers entier, M. Henry Boucher pût avoir raison contre tout le monde. Généralement les chancelleries savent ce qu'elles font et ce n'est pas pour le plaisir d'utiliser une flotte nombreuse et bien armée, de mettre à l'épreuve un système savant de mobilisation instantanée que les grands pays de l'Europe, voire même les Etats-Unis d'Amérique, se disputent la prépondérance coloniale.

Enfin, il suffit pour détruire le raisonnement spécieux de MM. Turrel et Henry Boucher et pour montrer que nos colonies nous coûtent infiniment moins qu'ils ne le prétendent, de produire un vieil argument, toujours aussi décisif, et de montrer la vanité du système qui porte le nom de balance du commerce. Car, c'est sur l'application de ce système que repose leur théorie. La France est en mauvaise posture vis-à-vis de ses colonies parce que la balance du commerce lui est défavorable. Or, la statistique des entrées et des sorties qui sert à déterminer le chiffre des importations et des exportations laisse échapper un élément toujours important, mais qui, dans la circonstance, joue un rôle capital. Je veux parler de l'argent et des valeurs. Il est certain, en effet, que, si peu avancée qu'elle soit, l'exploitation de nos colonies a absorbé des avances considérables. Or, ces avances, c'est la France qui les a fournies, pour la plus grande part, sinon pour la totalité. Rémunérées par des dividendes, amorties ou remboursées peu à peu, elles aboutissent chaque année à l'ouverture d'un crédit en faveur de la métropole.

Voilà une des explications que l'on peut opposer à l'interprétation si peu libérale et si peu exacte que donne M. Turrel aux chiffres accusés par la situation économique des colonies françaises. L'intervention de cet élément dont il n'a pas tenu compte vicie d'une façon irrémédiable ses constatations et ses conclusions.

Mais M. Turrel a parfaitement raison en soutenant que le régime douanier de nos colonies laisse fort à désirer.

Il serait urgent de le remanier, et non pas comme le désire la Commission des douanes, en frappant, par exemple, les riz du Tonkin et de la Cochinchine d'un droit de consommation (ce que, je l'espère bien, la Chambre ne votera jamais), mais en enlevant aux gouverneurs la possibilité de se livrer à mille fantaisies. C'est là une question des plus importantes. Je ne saurais la traiter ici avec détail, car j'ai déjà abusé de votre patience; j'indiquerai seulement que la plus grande facilité doit être accordée aussi bien à nos colonies pour importer dans la métropole, qu'à la métropole pour importer dans les colonies. Et s'il est deux choses qui me semblent devoir disparaître, c'est la limitation des envois de denrées que peuvent nous expédier nos possessions d'outre-mer, comme la faculté reconnue aux Conseils généraux de certaines colonies de frapper de taxes douanières les produits français. La situation est devenue telle qu'une étude sérieuse et une refonte organique de notre législation coloniale douanière s'impose et je demande qu'elle soit opérée par une commission extra parlementaire, non point composée d'un nombre aussi considérable de membres que le Conseil supérieur des colonies, qui ne s'est du reste pas réuni depuis quatre ans, mais des principales compétences que nous avons en France, en matière coloniale.

Messieurs, M. Gabriel Charmes me fournira encore un puissant argument en faveur des efforts que nous devons tenter pour rendre nos colonies prospères. Ne faut-il pas se préoccuper des conditions morales dans lesquelles les progrès constants de la démocratie placeront notre pays? On sait pourquoi, sous l'ancien régime, nos colonies se sont fondées si vite et si heureusement. Il y avait alors en France, comme il y a encore en Angleterre, grâce au droit d'aînesse, une classe nombreuse de

personnes dont la fortune ne répondait pas à l'éducation; aussi, ne trouvaient-elles pas à vivre sur le
territoire national et devaient-elles s'expatrier afin
de se procurer une existence qui leur convînt.
Assurément, le droit d'aînesse n'est pas sur le point
de renaître parmi nous ; néanmoins, tout laisse supposer que notre pays ne suffira plus bientôt aux
ambitions multiples qui vont s'y développer. L'essor
extraordinaire donné à l'enseignement public éveil-
lera jusque dans les derniers villages des idées, des
aspirations, des sentiments qui ne trouveront pas
à s'y satisfaire.

Les milliers d'enfants qui entrent aujourd'hui dans
nos écoles n'en sortiront pas tous convaincus que
ce qu'il y a de mieux à faire est de rester chez soi,
d'imiter ses pères, de vivre comme ils ont vécu. Les
places dans l'administration métropolitaine ont des
limites et il faut espérer qu'on n'en créera pas indé-
finiment. Espérons également que ces jeunes gens
auront vu leur horizon intellectuel s'élargir ; ils
auront entendu parler de bien des choses que jusqu'ici on ne soupçonnait pas dans leur milieu
social. Il est donc inévitable qu'un grand nombre
d'entre eux, comme les cadets de famille d'autrefois,
jugent leur fortune inférieure à leur éducation.
Alors, ou ils deviendront des mécontents, des
déclassés, des révolutionnaires, ou ils iront chercher
au loin l'emploi des facultés expansives que l'in-
struction aura éveillées en eux.

J'ai terminé, Messieurs, et j'espère avoir suffisamment défini les termes du programme que je vous
exposai au début de cette conférence. Les dévelop-
pements ont été longs et cependant ils ne m'ont pas

permis d'entrer dans le détail comme j'aurais voulu le faire. De graves sujets, d'intéressantes questions, comme celle des banques coloniales, du recrutement des administrateurs coloniaux suivant l'ingénieuse méthode indiquée par M. Boutmy, se sont échappés du cadre de cette étude. Le temps me manquait pour les traiter, et si je ne mentionne pas l'armée coloniale, c'est que M. de Montebello s'en est occupé tout dernièrement devant vous avec infiniment de talent.

La tâche qui incombe à l'administration des colonies est fort lourde. Avec du bon vouloir, on peut cependant la mener à bien. Ce ne sont plus les conceptions élevées ni les vues d'ensemble qui manqueront bientôt pour arriver à un résultat pratique. Je me suis efforcé de dégager les trois grands principes desquels je pense qu'on doit s'inspirer pour rendre nos colonies prospères. Si on consent à mettre de l'ordre dans les rapports financiers des colonies avec la métropole et à surveiller de près la confection des budgets ; si on accorde au commerce la part qui doit lui revenir dans la représentation et l'administration locale ; si on institue un régime définitif et durable qui sauvegarde les intérêts respectifs de la métropole et des colonies et assure en même temps le développement du commerce colonial et métropolitain ; si, au lieu d'aller à l'aventure, on arrête pour chaque colonie un programme de travaux publics mûrement étudié et exécutable au fur et à mesure des disponibilités budgétaires ; si, au lieu de dénigrer le commerce et d'inquiéter les capitaux, on met le commerce en honneur et on rassure les intérêts privés, on aura certes réalisé des progrès considérables. Reposant sur des assises solides, l'œuvre de la colonisation pourra se continuer avec méthode, sans les à-coups et les incidents que nous avons eu à déplorer pendant ces temps derniers, sans cette incertitude et cette indécision qui paralysent toutes les bonnes volontés, et jettent le discrédit sur la plus belle des entreprises que puisse tenter aujourd'hui la patrie française!

Paris.-Imp. PAUL DUPONT. 173.

www.ingramcontent.com/pod-product-compliance
Lightning Source LLC
Chambersburg PA
CBHW061313060726
47596CB00003B/857